CW00461097

Aha – so geht Social Media

Impressum:

Autor: Verena Renke

Druck & Verlag: tredition GmbH,
             Halenreie 40-44
             22359 Hamburg

Inhaltsverzeichnis

Vorwort

Die digitale Welt ist aus der heutigen Zeit nicht mehr wegzudenken. Im Jahre 2018 gab es in Deutschland laut Statistischem Bundesamt in 90% der Haushalte einen PC oder Laptop, wobei viele dieser stationären PCs gar nicht mehr genutzt werden. Im Laufe der vergangenen Jahre haben Smartphone und Tablet den gewöhnlichen PC mehr und mehr abgelöst und mittlerweile nutzen, ebenfalls laut Statistischem Bundesamt, 97% der deutschen Bevölkerung ein Mobiltelefon. Da jedoch nicht jedes Mobiltelefon Internetfähig ist, reduziert sich der Prozentsatz der internetfähigen Smartphones auf ca. 57% der Gesamtbevölkerung.

Kaum noch wegzudenken sind diese kleinen Helfer im Alltag. Mittels verschiedener Apps wissen wir, wann der Bus kommt, wie das Wetter wird, ob Gehalt auf unserem Online-Konto eingegangen ist oder können gar per Sprach-App eine Einkaufsliste erstellen. Die Möglichkeiten der digitalen und mobilen Welt sind mittlerweile nahezu Grenzenlos.

Doch wie hat alles angefangen? Der Grundstein dieses digitalen Zeitalters wurde etwa 1990 gelegt, als immer mehr PCs den Markt eroberten, die ersten Internetanbieter auftauchten und Firmen begannen, ihre Computer mehr und mehr zu vernetzen. Diese erste „Evolutionsstufe" der digitalen Welt dauerte rund 10 Jahre bis etwa 2001.

Die zweite Stufe, die bis etwa 2015 dauerte, beschäftigte sich mit immer schnelleren Internetverbindungen, dem Netzausbau und der Einführung sowie Nutzung mobiler

Geräte. Mehr und mehr wurden die alten Mobiltelefone durch Smartphones ersetzt. Ab 2010 etwa überschwemmten auch immer mehr Apps den Markt und auch heute im Jahre 2019 kommen täglich tausende neuer, teils aber auch unnützer Apps auf den Markt.

In den kommenden gut 10 Jahren werden Wissenschaftler, Forscher und Softwareentwickler das Rad nicht neu erfinden. Es wird eher nur an der Reife der bestehenden Systeme und am Internet gearbeitet. Die Fortschritte sind dabei nicht mehr so markant, wie es noch vor 10 oder 15 Jahren war. Vergleichbar ist dies, mit den Autos aus den 1970er Jahren. Sie wurden bis heute immer schneller, sparsamer und sicherer, zudem auch immer komfortabler. Eines haben aber die Autos von früher und heute gemeinsam: 4 Räder und sie bringen jemanden von A nach B.

Genau darauf wird es in den nächsten Jahren auch im digitalen Zeitalter ankommen. Verbesserung des gesamten, globalen Netzwerkes sowie Steigerung der Leistung mobiler Geräte. Forscher vermuten, dass uns mobile Geräte ab dem Jahre 2030 einen großen Teil unseres Alltags abnehmen werden.

Sicherlich können Apps nicht kochen oder putzen, aber es wird weitere Erleichterungen für den Alltag geben. Heute gibt es ja bereits Geräte wie „Alexa", die mittels Soft- und Hardware die Heizung oder das Licht in der Wohnung steuern kann, obwohl Sie selbst gar nicht zu Hause sind. Genau diese Neuerungen in der digitalen Welt werden in den kommenden Jahren immer weiter ausgebaut und verbessert.

Mit der immer weiter voranschreitenden Vernetzung aus den vergangenen Jahren und Jahrzehnten sind auch die sozialen Medien immer bekannter geworden. Vorreiter war dabei Facebook, heute in aller Munde und weltweit bekannt.

Gegründet wurde Facebook 2003 von Marc Zuckerberg, damals hieß es anfangs aber noch facemash.com. Hier stellte Zuckerberg an der Harvard University Fotos von Studentinnen ein und bat andere Menschen, diese nach dem Aussehen zu bewerten, womit sich Zuckerberg viel Ärger einhandelte.

Das eigentliche Facebook, wie wir es heute kennen, startete im Frühjahr 2004. Besonders Ende der 2000er Jahre verbreitete Facebook sich wie ein Virus um die gesamte Welt. Jeder wollte es haben und nutzen, wobei sich im Oktober 2012 rund eine Milliarde Menschen zumindest einmal dort angemeldet hatten.

Infiziert vom enormen Wachstum Facebooks, stiegen auch andere soziale Netzwerke ein. Die beiden bekanntesten sind dabei Twitter, welches eher für kurze Mitteilungen und Nachrichten ausgelegt wurde und auch Instagram, welches grade in den letzten ein bis zwei Jahren sich immer größerer Beliebtheit erfreut.

Erschreckend ist in diesem neuen Zeitalter vor allem, dass diese mobilen Smartphones nicht mehr wegzudenken sind. Schauen Sie sich in der Stadt oder in öffentlichen Verkehrsmitteln einfach mal um. Gefühlt spielt jeder mit seinem Smartphone, schickt Nachrichten über verschiedene Messenger an Freunde, macht Fotos oder teilt Beiträge in den sozialen Medien. Dabei werden die Nutzer der Smartphones immer jünger. Bereits 85% der 12-Jährigen nutzen ein Smartphone und sind im Schnitt täglich knapp eine Stunde online.

Fluch und Segen zugleich könnte man meinen. Keine Frage, Smartphones und soziale Netzwerke sind etwas Feines und erleichtern vieles, wenn man es richtig und vernünftig nutzt.

Genau darauf, wie man die sozialen Netzwerke am besten für sich nutzt, gehen wir hier in diesem Buch ein.

Kurz erklärt: Was ist ein „Feed"?

Ein Feed kommt aus dem Englischen und bedeutet „versorgen" oder besser „füttern". Hier ist nichts anderes gemeint, als dass Sie in sozialen Netzwerken einen Feed absetzen. Das bedeutet, Sie füttern Ihre Seite bei Facebook, Twitter, Instagram und Co einfach mit Beiträgen, Fotos oder Videos. Nichts anderes ist mit einem Feed gemeint.

Facebook

Facebook ist der Vorreiter der sozialen Internetwelt und auch heute noch ein Riese. Dennoch gab es in den vergangenen Jahren Einbrüche der Nutzerzahlen, da auch Instagram sich wachsender Beliebtheit erfreut. Im Oktober 2018 gab Facebook eine Nutzerzahl von knapp 2,3 Milliarden aus. Da es aber Personen gibt, die sich mehrfach mit verschiedenen Profilen bei Facebook registriert haben, räumte Facebook Anfang 2019 auf und löschte 1,3 Milliarden Fake-Accounts. Ende 2019, dürfte die Nutzeranzahl bei Facebook etwa bei einer Milliarde gelegen haben. Instagram hat diese Zahl ebenfalls 2019 erreicht und ist auf dem besten Wege, Facebook in der Nutzeranzahl zu überholen. Laut Facebook lag die Anzahl der Nutzer in Deutschland im März 2019 bei 32 Millionen. Nutzer müssen mindestens 13 Jahre alt sein und brauchen dazu bis zum 18. Lebensjahr auch eine Erlaubnis der Eltern, da diese von Facebook gefordert wird.

Nutzen von Facebook

Ganz klar muss Vorweg gesagt werden: Facebook ist ein „Datenkrake". Melden Sie sich einmal dort an, werden Ihre Daten, die Sie dort hinterlegen, gespeichert. Dabei ist es egal, ob es Ihr Name oder Wohnort ist, oder Sie nur ab und zu mal einen Beitrag verfassen oder ein Foto hochladen. Selbst wenn Sie irgendwann Ihr Profil bei Facebook löschen, bleiben die Daten in Zuckerbergs Imperium (wozu auch WhatsApp und Instagram gehören) erhalten. Sie sollten also bei der Anmeldung und bei der weiteren Nutzung von Facebook genau überlegen, welche Informationen Sie über sich preisgeben wollen. Zu bedenken ist auch, dass sehr viele Firmen ein Facebook-Account besitzen und auch aus diesem Grund könnten Sie für Ihren Chef kontrollierbar sein. Es gab schon einige Kündigungen, weil ein Mitarbeiter sich Krank meldete, dann aber bei Facebook ein Foto eines Kurzurlaubes postete.

Vorteile von Facebook

Die Vorteile, die Facebook bieten kann, sind in erster Linie privater Natur. Hier findet man oft Freunde, alte Schulfreund oder Bekannte wieder, von denen man Jahre nichts mehr gehört oder gesehen hat und kann dann über den Facebook-Messenger wieder Kontakt aufnehmen. Weiterhin sind auch sicherlich viele aktuelle Freunde bei Facebook zu finden die hin und wieder etwas posten, z.B. wie es ihnen geht oder was sie gerade machen. Aber nicht nur, um Freunde wiederzufinden ist Facebook geeignet. Es gibt unzählige Gruppen dort, teilweise auch eine Art „Flohmärkte", die aufzeigen, ob man in seiner Region oder seinem Ort günstig Möbel, Autos oder Technik erwerben oder selbst verkaufen kann. Es ist also, richtig genutzt, auch eine Art Marktplatz. Sogar eine neue Wohnung kann in der entsprechenden Gruppe gefunden werden. Sollten Sie ein Unternehmen haben und mit diesem ein Profil bei Facebook erstellen, so könnten Sie einen großen Bekanntheitsgrad erreichen und für Ihr Unternehmen einen größeren Umsatz erwirtschaften. Dies ist nicht ganz einfach und dauert oft Monate oder Jahre, es lohnt sich aber auf jeden Fall.

Nachteile von Facebook

Ja, es gibt auch Schattenseiten bei Facebook, die sich in erster Linie um Ihre persönlichen Daten drehen. Facebook – aber das Internet generell - vergisst nichts! Auch nicht, wenn Sie Ihren Account löschen, es bleiben Ihre Daten bestehen. Zudem kommt es auf Ihre Sicherheitseinstellungen an, was andere Nutzer oder Freunde sehen können und was nicht. Sie müssen sich im Klaren sein, dass Sie durch Facebook kontrollierbar sind für andere. Auch Ihren Namen werden andere Personen über Google finden können und gelangen so auch eventuell auf Ihr Facebook-Profil, wo nicht geschützte Daten von Ihnen eingesehen werden können. Wie schon oben erwähnt, könnte auch Ihr Arbeitgeber persönliche Freizeitaktivitäten einsehen.

Jeder muss für sich selber entscheiden, ob er Facebook nutzt und vor allem sollte jeder seine Einstellungen so vornehmen, dass man nicht alle privaten Details einsehen kann bzw. nur bestimmte Personen Beiträge von Ihnen sehen können.

Wie das alles vonstattengeht, erklären wir in den nächsten Kapiteln.

Wie melde ich mich bei Facebook an?

Sollten Sie keine Angst um Ihre Daten oder davor haben, was andere über Sie lesen können, so melden Sie sich ganz normal mit allen Daten an, die Sie preisgeben möchten.

- Wir empfehlen, sich zunächst über einen PC oder Laptop komplett anzumelden und dann vielleicht später, wenn alles korrekt eingestellt ist und Sie erste Freunde haben, Facebook dann auch mit der App über das Smartphone oder iPhone zu nutzen.

Dazu besuchen Sie die Hauptseite www.facebook.de und dort geben Sie auf der rechten Seite Ihren Namen an, zudem das Geburtsdatum, Ihr Geschlecht und eine gültige Mailadresse. Diese brauchen Sie, weil Facebook Ihnen einen Aktivierungslink schicken wird, womit Sie Ihren Facebook-Account bestätigen müssen. Ein Passwort können Sie frei wählen, es sollte aber mindesten 8 oder 10 Zeichen haben und aus Buchstaben und Zahlen bestehen. Noch sicherer wird das Passwort bei einer Kombination aus Groß- und Kleinbuchstaben sowie eingebauten Zahlen.

- Es empfiehlt sich, eine neue Mailadresse bei einem Anbieter wie GMX, Yahoo oder Google einzurichten, mit der Sie Facebook nutzen. So schließen Sie aus, dass Facebook (und auch andere) Ihre Hauptmailadresse bekommen.

- Facebook verlangt den sogenannten „Klarnamen". Also Vor- und Nachnamen und keine Nicks (=Pseudonamen). Facebook kann unter Umständen Ihre Identität über eine Ausweiskopie anfordern und ggf. Ihr Profil sperren! Überlegen Sie sich, ob Sie das wollen. Klarnamen lassen sich gut in den Suchmaschinen nachverfolgen und erhöhen dadurch das Risiko, auch von Verbrechern gefunden zu werden.

Nach der Anmeldung folgt eine Sicherheitsabfrage, in der Sie die vorgegebenen Buchstaben und/oder Zahlen abtippen und bestätigen müssen. So stellt Facebook sicher, dass sich kein Computer oder Roboter registriert, sondern ein Mensch am anderen Ende sitzt. Nach dem Klick auf das Feld „Registrieren" geht es weiter.

Erstelle ein neues Konto

Es geht schnell und einfach.

Vorname ❗ Nachname

Handynummer oder E-Mail-Adresse

Neues Passwort

Geburtstag

28 ⬍ Jan ⬍ 1995 ⬍ ❓

Geschlecht

○ Weiblich ○ Männlich ○ Divers ❓

Indem du auf „Registrieren" klickst, stimmst du unseren Nutzungsbedingungen zu. In unserer Datenrichtlinie erfährst du, wie wir deine Daten erfassen, verwenden und teilen. Unsere Cookie-Richtlinie erklärt, wie wir Cookies und ähnliche Technologien verwenden. Facebook schickt dir eventuell Benachrichtigungen per SMS, die du jederzeit abbestellen kannst.

Registrieren

Im nächsten Fenster wird Sie Facebook fragen, ob schon weitere Freunde von Ihnen bei Facebook sind und ob Facebook in Ihren Kontakten oder in Ihren Mailkontakten nach ihnen suchen darf. Hier können Sie frei entscheiden, ob Sie das Facebook erlauben möchten, wenn nicht, klicken Sie bitte rechts in der Ecke auf den Button „diesen Schritt überspringen".

Im nächsten Feld werden Sie dann nach Ihrer Schule und Ihrem Arbeitgeber gefragt. Hier steht es Ihnen erneut frei, ob Sie dies eintragen wollen oder ob Sie auch diesen Schritt erst einmal überspringen oder überhaupt ganz frei lassen.

- Sie können übersprungene Einstellungen später in Ihrem Profil jederzeit ändern oder ergänzen.

Im nächsten Schritt können Sie ein Foto von sich hochladen. Dies sollte ein aktuelles Foto sein, Sie können aber auch jedes andere Bild einstellen, es dürfen nur keine anderen Personen auf dem Foto zu sehen sein. Auch diesen Schritt können Sie überspringen und Ihr Profilfoto auch später jederzeit hochladen.

- Bedenken Sie bitte, dass Ihr Profilfoto für immer im Netz bleiben wird!

Abschließend klicken Sie auf „Speichern und fortfahren", wonach Sie Facebook oben auffordert, Ihre Mailadresse zu bestätigen. Somit will Facebook sicherstellen, dass die angegebene Mailadresse auch wirklich Ihnen gehört. Gehen Sie dazu in Ihr Mailpostfach und folgen Sie den Anweisungen. Schauen Sie bitte eventuell auch im Spam-

Ordner nach, falls Sie keine Mail von Facebook bekommen haben.

Glückwunsch! Sie haben nun Ihr eigenes Facebook-Profil.

Privatsphäre Einstellungen bei Facebook

Ein erster wichtiger Schritt, bevor Sie bei Facebook richtig loslegen, sind die Einstellungen in Ihrer Privatsphäre.

Hier geben Sie an, wer Ihre künftigen Beiträge sehen kann, wer sie kommentieren oder liken darf und wer Ihnen Nachrichten schicken kann. Zudem können Sie hier die Sichtbarkeit Ihrer persönlichen Angaben einschränken oder erlauben.

In der Menüleiste auf Ihrer Profilseite finden Sie rechts oben einen Button (Knopf)mit einem Fragezeichen. Klicken Sie auf diesen und wählen Sie weiter unten dann den Reiter „Privatsphäre-Check" aus.

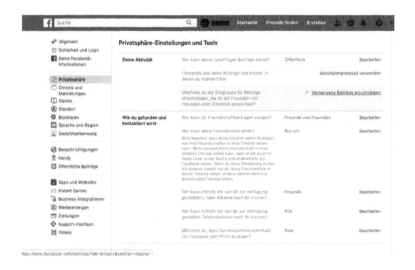

Hier kann man nun recht schnell und einfach einstellen, welcher Personenkreis Ihre künftigen Beiträge und Fotos sehen kann. Sie können hier wählen zwischen Öffentlich, Freunde, Benutzerdefiniert, Niemand, etc.

- Sie können diese Einstellungen jederzeit ergänzen oder ändern, aber auch bei jedem Beitrag, den Sie erstellen, entscheiden, wie dieser Beitrag zu sehen sein soll.

Wollen Sie tiefer ins Detail gehen, so finden Sie in der Menüleiste rechts neben dem Fragezeichen einen Pfeil. Klicken Sie bitte auf diesen und wählen Sie den Reiter „Einstellungen" aus.

Hier kann man nun richtig ins Detail gehen. Unter den verschiedenen Sparten links kann man unter anderem einstellen, wer die eigene Freundesliste sehen darf, wer nach Ihrer Telefonnummer suchen darf, ob man Sie bei Google finden darf, welche Apps Sie bei Facebook nutzen wollen, ob Werbeanzeigen für Sie angeboten werden, usw.

Unter „Benachrichtigungen" sollten Sie einstellen, wann Facebook Ihnen eine Mail schicken soll. Dies ist standardmäßig so eingestellt, dass Facebook Ihnen Freunde vorschlägt oder Sie informiert bei Likes oder neuen Freundschaftsanfragen. Sollten Sie täglich bei Facebook sein, so können Sie Mails von Facebook deaktivieren. Sie werden merken, dass es extrem stören kann, wenn Facebook Ihnen täglich mehrere oft unwichtige Mails zukommen lässt.

Unter dem Reiter „Chronik und Markierungen" können Sie festlegen, wer Ihre Beiträge sehen, kommentieren und liken darf. Dies können Sie jedem erlauben, nur Ihren Freunden oder auch niemandem. Sie können hier auch einzelne Personen ausschließen, auch wenn Sie mit Ihnen befreundet sind. So können Sie zum Beispiel Ihren Chef ausschließen, der dann keine Fotos oder Beiträge mehr von Ihnen sehen kann.

Einzelne Personen können Sie auch komplett blockieren und Sie werden für die blockierten Personen dann auf Facebook nicht mehr sichtbar sein. Dazu müssen Sie auf die Sparte „Blockieren" klicken und geben dann rechts im Feld den Namen der zu blockierenden Person ein.

- Haben Sie eine Person blockiert und schalten diese nach einigen Tagen wieder frei, so ist es innerhalb der nächsten drei Tage NICHT möglich, die Person erneut zu blockieren!

Im Hauptfeld der Einstellungen können Sie hier dann nachträglich alle Angaben zu Ihnen selbst machen, die Sie bereit sind, mit der Öffentlichkeit zu teilen.

Freunde finden bei Facebook

Nun ist es an der Zeit, sich nach Freunden bei Facebook umzusehen. Geben Sie dazu links oben in der Suchleiste einen Namen eines Freundes ein. Sie werden wahrscheinlich mehrere Vorschläge erhalten, aber anhand des Profilbildes werden Sie Ihre Freunde oder Bekannten sicher leicht ausfindig machen. Allerdings nur, wenn hier der Klarnamen verwendet wurde, bei einem Nick/Pseudonamen wird die Suche eher nicht erfolgreich sein. Da wird es wohl besser sein, den Freund/Bekannten persönlich zu fragen, ob er bei Facebook zu finden ist und unter welchem Namen mit welchem Profilfoto.

Haben Sie Ihren ersten Freund oder Ihre erste Freundin gefunden, so können Sie ihm/ihr eine Freundschaftsanfrage über den Button rechts oben machen. So verfahren Sie immer weiter, bis Ihnen keine Freunde oder Bekannte mehr einfallen.

Nach und nach bekommen Sie Bestätigungen darüber, dass Ihre Freundschaftsanfrage angenommen wurde. Nun haben Sie die Möglichkeit, vielleicht in den Freundeslisten Ihrer Bekannten nach weiteren Freunden zu suchen, denn oft kennt der eine Freund noch weitere Freunde, die Sie selber auch kennen, aber sich nicht mehr an ihn erinnern.

So können Sie dann nach und nach Ihre Freundesliste ausweiten. Hin und wieder kommt es aber am Anfang vor, dass Facebook Sie bei vielen Freundschaftsanfragen fragt, ob Sie diese Person wirklich kennen. Dies können Sie dann mit „Ja" oder „Nein" beantworten.

Seien Sie vorsichtig vor Freundschaftsanfragen durch Personen aus fremden Ländern oder von Personen, die Sie nicht einzuordnen wissen. Hier lohnt es sich, über den Facebook-Messenger diese Person anzuschreiben, um zu fragen, woher man sich kennt.

- Auch bei Facebook gibt es viele Betrüger, die versuchen wollen, an Ihre Daten oder Ihr Geld zu kommen. Seien Sie deshalb sehr wachsam.

Der erste Beitrag bei Facebook

Haben Sie nun alle Einstellungen nach Ihren Wünschen vorgenommen und auch schon einige Freunde beisammen, so wird es Zeit für den ersten Beitrag.

Auf Ihrer Hauptseite finden Sie nun direkt oben das Feld „Beitrag erstellen" und in dem Fenster den Satz: „Was machst Du gerade (Name)?"

Hier können Sie nun Ihren ersten Beitrag verfassen und posten. Dies können einfach ein paar Sätze sein, aber auch ein Foto mit Kommentar oder auch ein Video. Haben Sie Ihren Beitrag erstellt, so sehen Sie rechts in dem Feld noch, wer Ihren Beitrag sehen soll. Dies können Sie bei jedem Ihrer Beiträge vor dem Posten individuell einstellen. Mit dem Klick auf „Teilen" wird Ihr Beitrag auf Ihre Profilseite gepostet und ist dann auch für Ihre Freunde (oder je nach Einstellungen auch für die Öffentlichkeit) sichtbar.

Sie können vor dem Posten einstellen, ob Sie einzelne Personen ausnehmen möchten, damit diese Ihren Beitrag nicht sehen oder machen Sie den Beitrag nur für bestimmte Personen aus Ihrer Freundesliste sichtbar, wenn Sie nicht wollen, dass jeder Ihren Beitrag sehen soll.

Nun sind Sie aktiv dabei und können Facebook in vollem Umfang nutzen. Sie werden auf Ihrer Hauptseite auch Beiträge Ihrer Freunde sehen, können diese mit „gefällt mir" markieren, Kommentare daruntersetzen oder mit Emoticons versehen.

Ganz links oben auf Ihrer Seite können Sie zudem unter „News-Feed" noch einstellen, ob Sie nur Top-Beiträge sehen wollen oder doch neueste Beiträge zuerst.

Ein weiteres, nützliches Feature von Facebook ist dessen Messenger, in dem Sie sich mit Ihren Freunden oder Bekannten per Nachrichten austauschen können. Dieser Facebook-Messenger ist in der PC-Version eingebunden, muss aber im Smartphone neben der Facebook-App gesondert nachinstalliert werden. Haben Sie sich erfolgreich angemeldet und Ihre ersten Beiträge verfasst, so können Sie nun auch die Facebook-App für Ihr Smartphone oder Tablet nutzen.

Besitzen Sie keinen PC oder Laptop, so laden Sie sich die App von Facebook auf Ihr Smartphone und gehen die Schritte genauso durch, wie wir hier beschrieben haben, denn der Anmeldeprozess und die Einstellungen sind bei beiden Varianten gleich.

Die App finden Sie in den Suchmaschinen, geben Sie einfach in die Suchleiste den Begriff „Facebook App" ein.

Beiträge, die man nicht bei Facebook posten sollte

Es gibt auch Beiträge, bei denen Sie sich wirklich überlegen sollten, diese zu posten. Das könnten z. B. sein:

- Keine Fotos von Ihren Kindern posten, auch wenn es noch so niedlich ist, denn auch hier finden sich Pädophile. Falls Sie es doch nicht lassen können, posten Sie die Fotos nur an ausgewählte Freunde! Bedenken Sie aber: Auch die Fotos Ihrer Kinder bleiben für immer im Netz! Als Alternative könnten Sie das Gesicht durch Verpixeln unkenntlich machen und somit die Privatsphäre Ihres Kindes schützen.

- Wenn möglich, keine Fotos oder Beiträge: „Wir sind im Urlaub". Schon gar nicht öffentlich, denn das bietet Einbrechern die Möglichkeit, ganz gemütlich Ihre Wohnung leerzuräumen, während Sie fleißig weiter Urlaubsfotos posten!

- Keine leicht bekleideten Fotos. Teilen Sie Strand- oder Freibad Fotos nur mit Ihren engsten Freunden. Posten Sie diese öffentlich, so werden Sie sich, gerade als Frau, vor Stalkern kaum noch schützen können.

- Posten Sie nicht täglich Ihr Frühstück oder dass Sie grade in der Badewanne liegen. Dies könnte bei Ihren Freunden den Eindruck erwecken „Ich brauche Aufmerksamkeit" oder schlichtweg nerven. Posten Sie wichtige Sachen und teilen Sie Ihren Freunden so mit, was Sie Tolles gesehen, entdeckt oder gelesen haben.

Instagram

Nehmen wir nun eine weitere soziale Plattform genauer unter die Lupe – Instagram.

Gegründet wurde Instagram im Oktober 2010 als Bilderplattform „Burbn", die sich rasch großer Beliebtheit erfreute. Noch im selben Monat 2010 wurde der Name dann auf die Bezeichnung „Instagram" geändert. Nach eigenen Angaben nutzten im Dezember 2010 bereits eine Million Menschen diese Bilderplattform.

Anfang 2012 bemerkte auch Facebook den wachsenden Konkurrenten Instagram, welcher bis dahin seine Nutzerzahlen auf 30 Millionen aufstocken konnte. So ließ ein Kaufangebot von Facebook nicht lange auf sich warten und Instagram wurde dann Mitte 2012 für eine Milliarde Dollar von Facebook übernommen. Es war bis dato die höchste Kaufsumme für eine soziale Bilderplattform überhaupt.

Bis ins Jahr 2015 stiegen die Nutzerzahlen immer weiter rasant an und erreichten im April 2015 die 300 Millionen-Marke. Der größte Zuwachs an Usern wurde aber in der Zeit von Mitte 2015 bis Mitte 2018 erreicht, als im Juli 2018 dann eine Milliarde Menschen Instagram nutzten. Somit liegt Instagram und Facebook Kopf an Kopf mit je rund einer Milliarde Nutzern. Es war ein geschickter Schachzug von Facebook, im Jahre 2012 Instagram aufzukaufen und somit einen Konkurrenten auszuschalten. In Deutschland nutzten im Frühling 2019 übrigens rund 15 Millionen Menschen Instagram, also etwa halb so viele wie hierzulande Facebook nutzen.

Nach eigenen Angaben von Facebook sind es vor allem Personen jüngeren Alters zwischen 14 und 24 Jahren, die vermehrt Facebook den Rücken kehren und an dessen Stelle mehr und mehr Instagram nutzen.

Nutzen von Instagram

Instagram ist vor allem eine mobile Plattform, die es besonders auf Smartphone- und iPhone-Kunden abgesehen hat. Mal eben schnell unterwegs ein Foto machen, ein paar Zeilen dazu schreiben und rasch in Ihr Profil laden. Genau das ist das Konzept von Instagram.

Wenn Sie sich an tollen Bildern bzw. Fotos erfreuen, werden Sie Instagram lieben. Auch hier kann man sich mit Freunden, Bekannten oder auch fremden Personen befreunden, aber anders als auf Facebook. Hier bei Instagram „folgt" man einer Person, in dem man deren Beiträge „abonniert". Natürlich nicht zu Vergleichen mit einer Zeitung, die kostenpflichtig jeden Morgen als Abo vor der Haustür liegt. Nein, Instagram ist kostenlos, aber man bekommt eine Art „Zeitung" in Form von schicken Fotos und kurzen Texten dazu von Menschen, die man abonniert hat. Dies sind das Prinzip und der Nutzen von Instagram. Auch Sie selbst können aktiv mit dabei sein, indem Sie sich ein Profil erstellen, ab und zu Fotos machen und diese dann mit einem netten Kommentar Ihren Abonnenten zeigen.

Sollten Sie ein Unternehmen oder eine kleine Firma haben, so bietet Instagram die Möglichkeit, Ihr Unternehmen den Menschen zu präsentieren. Besonders in der Gastro-Branche boomt Instagram derzeit, denn Fotos von leckeren Speisen oder schicken Lokalitäten an einem Fluss, Strand oder schönen Urlaubsort gefallen sehr vielen Nutzern und bringen so auch über die Zeit viele Abonnenten und Likes.

Vorteile von Instagram

Für Bilderliebhaber ist Instagram eine Bereicherung, erst recht aber für Hobby- und Berufsfotografen. Hier kann man sich neue Anregungen holen, seine eigenen Werke hochladen und auch bei Bedarf von anderen Nutzern Bilder „kaufen".

Sie sollten aber nicht jetzt denken: „Ok, ich bin kein Fotograf, was soll ich dann mit Instagram?". Nein, auch jeder gewöhnliche Mensch, ob Anwalt, Koch, Lehrer oder Schüler kann seine Vorteile aus Instagram ziehen. Man kann sich an Fotos von Bauwerken, Lokalitäten, Natur und Landschaft erfreuen, es kann aber auch als eine Art „Nachrichtendienst" angesehen werden. Dazu nennen wir einfach mal ein Beispiel:

- Frau Müller hat ein Smartphone und Instagram, sitzt im Bus und sieht an ihrer Endhaltestelle vor der Arbeit, dass die Hauptstraße aufgrund eines Wasserrohrbruches gesperrt ist. Frau Müller macht schnell ein Foto und stellt es mit dem kurzen Kommentar „Wasserstraße wegen Rohrbruch heute früh gesperrt" bei Instagram ein. Somit erreicht Frau Müller all ihre Abonnenten mit dieser Nachricht, die ebenfalls vielleicht in die Stadt XY wollen, aber mit dem Auto dann einen Umweg fahren müssen.

So in etwa könnte der Nutzen von Instagram aussehen.

Nachteile von Instagram

Sicherlich gibt es auch Nachteile von Instagram und diese sind schon recht gravierend. Größtes Problem ist: Es lässt sich nur sehr eingeschränkt vom PC oder Laptop nutzen!

Instagram ist eine reine App-Plattform für Android oder IOS Nutzer. Sicherlich kann man sich mit seinen Daten auch am Laptop oder PC einloggen, man kann dort aber nur sein Profil bearbeiten oder Beiträge ansehen. Hier ist es nur über komplizierte Umwege möglich, Beiträge zu erstellen oder Fotos zu posten. Dies ist nahezu unmöglich und von Instagram bzw. Facebook als Company auch so beabsichtigt.

Ferner lassen sich Beiträge von anderen Abonnenten nicht so einfach in die eigene Chronik teilen. Auch das geht nur über komplizierte Umwege und ist ebenfalls nicht Sinn von Instagram.

Ein weiteres Manko erfährt man, wenn man in seine Beiträge Links zu anderen Webseiten einbauen will. Dies ist zwar möglich, doch diese Links sind nicht anklickbar. Man müsste also den Link erst kopieren und dann in seinem Browser eingeben, um auf die Webseite zu gelangen. Auch das ist so gewollt von Instagram.

Man merkt also, dass es schon erhebliche Nachteile gibt bei Instagram, wer aber die App auf seinem Smartphone nutzen möchte, wird sicherlich viel Spaß an diesem sozialen Netzwerk haben.

- Merke: Instagram ist eigentlich eine reine App-Plattform! Es macht keinen Sinn, Instagram ausschließlich auf dem PC oder Laptop einzurichten, da man dann keinen Nutzen davon hat!

Hauptbestandteile von Instagram

Wer sich mit Instagram anfreunden und es nutzen möchte, der wird um sogenannte Hashtags nicht herumkommen. Sie sind ein wichtiger Bestandteil dieser Plattform und ermöglichen anderen Nutzern, für sie wichtige Beiträge zu finden oder zu abonnieren.

Sicherlich haben auch Sie schon mal von Hashtags gehört oder sie gesehen. Einfaches Beispiel ist das Hashtag #Sommer2019.

Abonnieren Sie nun in Ihrer Liste #Sommer2019, so bekommen Sie von nun an von allen Nutzern Bilder oder Kommentare angezeigt, die ebenfalls diesem Hashtag #sommer2019 in ihrem Beitrag gesetzt haben. Nehmen wir uns ein Beispiel vor:

- Frau Müller in München postet auf ihrer Seite ein Foto mit vertrockneten Blumen und schreibt dazu: „Wir brauchen unbedingt Regen. Dieser #Sommer2019 ist wieder viel zu trocken".

Haben Sie nun #Sommer2019 abonniert, so bekommen Sie den Beitrag und das Foto von Frau Müller in Ihrer Timeline angezeigt, obwohl Sie Frau Müller gar nicht kennen und noch nie gesehen haben. Dies liegt einzig an dem Hashtag, den Sie abonniert haben. Ihren Gedanken sind bei den Hashtags keine Grenzen gesetzt. Sie sollten, nach eigenen Angaben von Instagram, bis zu 10 Hashtags in einen Kommentar setzen, damit dieser mehr Nutzer erreichen kann. Zusätzlich kann man Personen oder Gruppen mit dem „@"-Zeichen markieren, obwohl man sie nicht abonniert hat oder auch gar nicht kennt. Das kann manchmal störend sein, wenn Sie mit der Zeit viele Abonnenten haben und dauernd irgendwo markiert werden, es kann aber auch nützlich sein, wenn lokal in ihrer Stadt ein besonderes Ereignis eintritt. Wir schreiben an dieser Stelle mal einen typischen Instagram-Kommentar, hier natürlich ohne Foto, aber nur damit Sie sehen, was man mit Instagram machen kann:

- „#Unfall heute früh auf dem #Sheffieldring in Höhe des alten #Opel-Werks. #Schnellstraße ist zum Teil #gesperrt und nur die #Ausfahrt in #Richtung #Bochum-#Innenstadt ist #nutzbar" @radio_bochum @polizei_bochum @stadt_bochum

Sieht sicher ziemlich verwirrend für Sie aus, man muss diese Zeichen auch nicht alle setzen, aber so erreicht man tausende von Nutzern! Jeder der nun nach den Hashtags #Sheffieldring oder #Bochum sucht (die anderen jetzt mal ausgenommen), wird genau Ihren Beitrag dann sofort sehen.

Zudem haben wir unten hinter der eigentlichen Nachricht noch drei wichtige Nutzer direkt markiert, die sofort eine Benachrichtigung darüber bekommen. Einmal Radio Bochum, die Polizei Bochum und die Stadtverwaltung Bochum. Sofern diese drei Instagram nutzen (das tun sie, wie wir wissen), so werden diese auch sofort Ihre Nachricht sehen können. Hier zeigt sich auch einmal mehr der Nutzen von Instagram.

Was ein wenig ärgerlich ist, dass Instagram eine eigene Chronik verwendet und man diese seit 2016 nicht mehr einstellen kann. Zuvor konnte man sich entweder neue Beiträge anzeigen lassen oder die Top-Beiträge. Heute werden automatisch die Top-Beiträge in Ihrer Timeline angezeigt. Um andere und vielleicht neue Beiträge zu sehen, müssen Sie in Ihrer App dann einfach weiter runter scrollen.

Anmelden bei Instagram

- Wichtig vorweg: Sie MÜSSEN ein Tablet, Smartphone oder iPhone haben und sich die App aus Ihrem Store rausladen und installieren. Ansonsten wäre Instagram für Sie total nutzlos!

Gehen Sie in den Google-Playstore oder in den Store, der für Ihr Gerät verwendbar ist und installieren Sie die App auf Ihrem mobilen Gerät.

Anschließend starten Sie die App. Besitzen Sie schon einen Facebook-Account, so ist die Registrierung von Instagram sehr einfach. Klicken Sie dazu einfach auf den

Button „mit Facebook registrieren" und schon haben Sie
Ihr neues Profil bei Instagram. Dabei werden persönliche
Daten und das Profilbild von Facebook direkt
übernommen und Sie können bei Instagram sofort
loslegen. Auch der Facebook-Name und Ihre Freunde
werden von Facebook nach Instagram übernommen und
Sie können sofort sehen, welche Freunde bereits ebenfalls
Instagram nutzen.

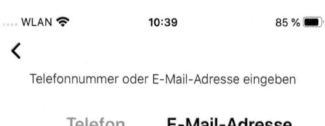

‹

Telefonnummer oder E-Mail-Adresse eingeben

Telefon **E-Mail-Adresse**

E-Mail-Adresse

Weiter

Haben Sie kein Facebook-Account, so müssen Sie sich komplett neu anmelden. Wählen Sie dazu eine Mailadresse aus. Auch hier gilt: Erstellen Sie sich zuvor eine neue Mailadresse bei einem freien Anbieter, wie GMX oder Yahoo, um Ihre Hauptmailadresse nicht preisgeben zu müssen.

Nach Eingabe der Mailadresse können Sie im nächsten Schritt Ihren Namen eintragen. Ob es Ihr Klarnamen ist oder ein Pseudo-Name bleibt Ihnen selbst überlassen. Anschließend denken Sie sich ein Passwort aus. Dies sollte aus mindestens 8 Zahlen und Buchstaben bestehen, am besten ist wieder die Kombination aus Groß- und Kleinbuchstaben sowie Zahlen.

Im nächsten Schritt werden Sie aufgefordert, einen Benutzernamen auszuwählen. Dieser kann beliebig gewählt werden. Bedenken Sie aber, dass Sie genau mit diesem Namen auch auf Instagram aktiv sein werden und genau auch so gefunden und gesehen werden. Sie können den Benutzernamen aber später in Ihren Einstellungen noch bearbeiten oder abändern.

Als Nächstes bietet Ihnen Instagram an, Ihre Facebook-Freunde direkt bei Instagram zu synchronisieren. Sollten Sie kein Facebook-Account haben, so überspringen Sie diesen Schritt, ebenso, wenn Sie nicht alle Facebook-Freunde bei Instagram haben oder folgen möchten.

Weiter werden Sie nun von Instagram aufgefordert, ein Profilbild einzustellen. Mit wenigen Klicks können Sie hier ein Foto von sich hochladen oder auch das Profilbild von Facebook übernehmen.

Nach dem Klick auf „Weiter" ist Ihr Instagram-Account soweit fertig und Sie können bereits loslegen, Beiträge und Fotos zu posten. Doch zuvor sollten Sie Ihre Mails checken und den Account bestätigen, ebenso noch einige Einstellungen vornehmen und auch versuchen, Freunde, Bekannte oder interessante Gruppen, ja gar Firmen oder lokale Medien zu finden und zu abonnieren. Dazu mehr im folgenden Kapitel.

Einstellungen bei Instagram

Öffnen Sie zunächst die App auf Ihrem mobilen Gerät. Nach dem Öffnen finden Sie unten in der Leiste ganz Rechts das Symbol mit der Visitenkarte, auf welches Sie nun klicken.

Rechts oben neben Ihrem Profilbild erscheint nun der Button „Profil bearbeiten", welchen Sie anklicken. Hier können Sie nun Ihren Namen oder auch den Benutzernamen nochmals ändern. Gegebenenfalls können Sie hier auch Ihre Website oder Blog eintragen, sofern Sie diese besitzen. Darunter haben Sie die Möglichkeit, einen Steckbrief zu erstellen. Hier können Sie ein wenig von sich preisgeben, was Sie so tun und machen, warum Sie Instagram nutzen wollen usw.

- Merken Sie sich aber, dass der Steckbrief von jedem gesehen werden kann! Hier sollten Sie genau überlegen, was Sie von sich angeben wollen!

+○ Freunden folgen / Freunde einladen >

⏱ Deine Aktivität >

🔔 Benachrichtigungen >

🔒 Privatsphäre >

🛡 Sicherheit >

📢 Werbeanzeigen >

⊚ Konto >

? Hilfe >

ⓘ Info >

Anmeldungen

Konto hinzufügen

Ikatreuchtlingen abmelden

⌂   🔍   ⊕   ♡   ⬤

Haben Sie alle Einstellungen unter diesem Reiter vorgenommen, so kehren Sie zurück auf Ihren Hauptbildschirm.

Unten in der Leiste finden Sie an zweiter Stelle Links eine Lupe. Nun gehen wir auf der Suche nach Freunden, Medien, Bekannte, eigentlich nach allem, was Sie interessiert.

Machen Sie einfach einen Test und geben Sie unter der Lupe dann mit der Tastatur einfach mal #Nudelgerichte ein. Schon werden Ihnen Bilder von Nudelgerichten oder entsprechenden Gruppen gezeigt. Klicken Sie einfach mal auf den ersten Eintrag und schauen Sie sich dort um. Gefällt Ihnen, was sie da sehen, so können Sie dem Hashtag #Nudelgerichte folgen. Immer wenn jemand dann ein Nudelgericht postet und mit dem entsprechenden Hashtag versieht, werden Sie in Ihrer Timeline den Beitrag sehen. So können Sie mit sämtlichen Worten verfahren, versuchen Sie es einfach mal selbst und geben Sie Beispielsweise #Schnelleautos oder #SchickeSchuhe ein. Sie werden überrascht sein, wie viele Leute genau solche Hashtags verwenden.

Sollten Sie Freunde finden wollen oder lokale Medien, dann gehen Sie über das Suchfeld mit der Lupe anders vor. Setzen Sie vor Ihrem Suchbegriff nun ein @ anstelle des #.

Beispiel: Suchen Sie nach einer Lokalzeitung und geben sie Beispielsweise @Ruhrnachrichten, @RTL_NRW, @Radio_Bochum ein. Ihnen werden sofort oben Vorschläge angezeigt und Sie können auf das jeweilige

Ergebnis klicken. Ist es genau das, wonach Sie gesucht haben, so „folgen" Sie dieser Person oder Gruppe einfach mit einem Klick auf den Reiter neben deren Namen. Postet nun jemand der Medien etwas, so erscheint es automatisch in Ihrer Timeline als Nachricht.

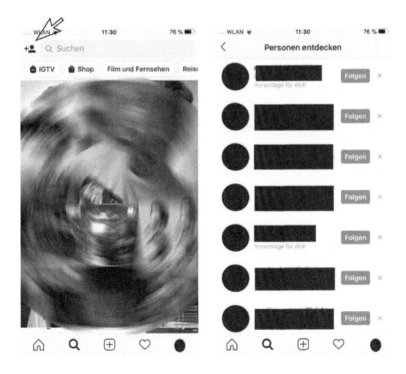

Genauso können Sie Freunde suchen und finden. Suchen wir einfach mal nach unserer oben genannten Frau Müller. Wird schwer, da sehr viele Menschen Müller heißen, aber wenn man dazu noch einen Vornamen hat und die Stadt, sollte das mit der Suche auch so klappen. Geben Sie in diesem Fall einfach mal @Erika_Müller München ein. Kann sein, dass Sie schon beim ersten Treffer fündig werden. Genau so suchen Sie auch Ihre Freunde und Bekannte. Folgen Sie denen und bauen Sie sich somit mehr und mehr einen Abonnentenkreis auf.

Erster Beitrag auf Instagram

Nun ist es soweit und wir können unseren ersten Beitrag verfassen. Diesen müssen wir mit einem Foto beginnen. Nehmen Sie ein Foto von sich selbst auf oder von Ihrem Garten, einem Bauwerk, Sonnenschein mit weißen Wolken, was Ihnen gerade so vor der Linse kommt oder gefällt. Nachfolgend klicken Sie in der Instagram-App unten in der Leiste in der Mitte auf das + (Kreuz). Sofort wird Ihnen das letzte gemachte Foto zur Auswahl angezeigt. Sie können aber auch andere Fotos aus Ihrem Archiv auf dem Handy auswählen.

Anschließend klicken Sie oben rechts auf weiter. Nun werden Ihnen verschiedene Filter unten in der Leiste zur Bildbearbeitung angezeigt. Versuchen Sie es einfach selbst und probieren Sie aus, ob Ihr Bild mit einem der Filter unten sogar noch wirksamer wird. Wollen Sie Ihr Bild so lassen wie es ist, klicken Sie einfach rechts oben weiter.

Nachfolgend können Sie neben dem linken Miniaturbild einen Text eingeben. Hierbei schreiben Sie zu dem Bild, was Ihnen grade einfällt.

- Bitte setzen Sie hier noch KEINE Hashtags, damit die Beschreibung des Fotos besser lesbar für die Nutzer ist.

Wahlweise können Sie dann noch über GPS angeben, wo Ihr Foto gemacht wurde und welche Personen eventuell mit dem Foto zu sehen sind. Haben Sie alles eingestellt, wie Sie es wollen, posten Sie das Foto einfach mit dem Klick rechts oben. Nun wird Ihr erster Beitrag bearbeitet und erscheint auch dann direkt auf Ihrer Timeline.

- Wichtig: Nun gehen Sie unter Ihrem Foto links in der Mitte auf die Sprechblase und erstellen zu Ihrem eigenen Bild einen Kommentar. Hier sollten Sie nun ausschließlich Ihre Hashtags und Ihre @ setzen! Haben Sie ein Foto vom Himmel gepostet, so könnte Ihr Kommentar wie folgt aussehen:

- #sonne, #himmel, #blauerhimmel, #schöneswetter, #keinregen, #(ort xy) #(wochentag) @ruhrnachrichten, @radio_bochum @ruhrgebiet_entdecken @naturfotos

Nun ist Ihr erster Beitrag fertig und im besten Fall wird er bereits jetzt von tausenden Nutzern durch die Hashtags gesehen werden. Sie werden merken, dass Ihnen sicherlich dann auch erste Nutzer folgen, die Sie selber nicht kennen und einige werden Ihr Foto sicherlich (über das Herz unter dem Bild) mit „gefällt mir" markieren, also „liken".

Geizen Sie auch nicht mit Likes! Das ist wichtiger Bestandteil von Instagram und so werden auch Sie auf anderen Fotos für andere sichtbar. Probieren Sie einfach alles aus, suchen Sie Gruppen und Leute, die Sie interessieren und folgen Sie diesen. Sie werden mit der Zeit viel Freude an Instagram bekommen.

Fotos, die Sie nicht posten sollten

Auch hier gilt: Das Netz vergisst nichts!

- Keine Fotos Ihrer Kinder posten, denn die Privatsphäre ist hier um vieles lockerer, als bei Facebook!

- Nicht viel Haut zeigen oder gar halbnackte Fotos posten! Denn Ihre Fotos können überall auf der Welt gesehen werden!

- Posten Sie keine dauernd gleichen und langweiligen Fotos. So werden Ihnen kaum Nutzer folgen. Bieten Sie hingegen spannende und interessante Fotos, verfasst mit einem kleinen Beitrag.

Storys auf Facebook und Instagram

Seit 2017 gibt es bei Instagram und Facebook die Möglichkeit, Storys zu erstellen. Den meisten dürfte bekannt sein, dass „Story" das englische Wort für „Geschichte" ist. Hier erstellen Sie Ihre eigene kleine Geschichte in Form von Bildern oder kurzen Videos. Aber zunächst mal zu den Einzelheiten:

Snapshot hat mit dieser Art Storys den Vorreiter gespielt und dies kam bei den Nutzern sehr gut an. Daraufhin hat die Facebook-Company, wozu ja auch schon seit langem Instagram gehört, dies in einer Nacht und Nebelaktion rasch ebenfalls für seine User möglich gemacht. Storys kann man bei Facebook und auch bei Instagram hauptsächlich über die App nutzen, da 80 % der Nutzer mobil mit ihren Smartphones oder Tablets diese beiden sozialen Medien nutzen. Will man Storys über den PC erstellen, so ist dies nur bei Facebook eingeschränkt möglich. Bei Instagram ist es gar nicht oder nur mit sehr großem Aufwand möglich, über Umwege am PC eine Story zu erstellen. Sie sollten daher für eine solche Option die App von Facebook oder Instagram nutzen.

Wie erstelle ich eine Story bei Facebook und Instagram?

Um eine Story auf Ihrem Facebook- oder Instagram-Account zu erstellen, starten Sie die App. Auf dem Hauptbildschirm Ihrer Seite sehen Sie dann oben links in der Leiste ein Symbol, welches an einen Papierflieger erinnert.

Klicken Sie dort bitte einmal darauf und schon können Sie Ihre erste eigene Story erstellen. Sie sehen nun wahrscheinlich Ihr Gesicht, da sich die Kamera Ihres Handys mit dieser Option aktiviert hat. Nutzen Sie nun diese Kameraoption für Ihre Story. Sie können nun ein Foto von sich selbst schießen oder auch ein kurzes Video drehen. Die maximale Länge des Videos darf hier 30 Sekunden nicht überschreiten. Haben Sie das getan, können Sie unten links in der Leiste noch mit einigen Effekten Ihr Video oder Foto aufpeppen. Da Facebook wie auch Instagram hier eine Gesichtserkennung nutzt, können

Sie sich virtuell noch einen Bart ankleben, eine Brille aufsetzen oder Ihr Gesicht mehr oder weniger lustig verzerren. Auch eine Texteingabe ist möglich, dazu klicken Sie auf das Symbol mit dem „T" oder dem Stift.

Hier gibt es sehr viele Möglichkeiten, Ihre Story zu verzieren. Auch Emoticons, also Smilies, lassen sich so in Ihr Bild oder Video einfügen. Wenn Sie meinen, Ihre Story wäre fertig, so klicken Sie rechts unten auf den Kreis mit dem Pfeil. Anschließend öffnet sich eine weitere Seite, in dem Sie auswählen können, ob Sie Ihre Story öffentlich posten wollen, oder nur an bestimmte Freunde senden möchten. Dazu müssen Sie die einzelnen Freunde anklicken oder oben einfach direkt „Posten" auswählen, um die Story für alle öffentlich zu machen. Anschließend klicken Sie wieder auf den Pfeil rechts unten. Nun wird Ihre Story bei Instagram und auch bei Facebook in der App oben links erscheinen. Dies ist aber nur in der App der Fall! In der PC-Version kann man dies, wie schon angesprochen, nicht sehen und nur unter umständlichen Umwegen Storys einfügen.

Sie können danach beliebig viele weitere Storys erstellen, bedenken Sie aber, dass Ihre Storys nach 24 Stunden automatisch wieder verschwinden.

Haben Sie eine Story erstellt und veröffentlicht, die Sie aber gar nicht verbreiten wollten, so können Sie diese wieder löschen. Dazu gehen Sie auf Ihr Profil in der Facebook- oder Instagram-App und klicken oben in der Leiste auf „Deine Story". Wenn Sie das Bild oder Video sehen, welches Sie löschen möchten, dann tippen Sie oben rechts auf die drei Punkte „ooo". Hier können Sie dann auf

„Foto oder Video löschen" tippen und Ihre Story verschwindet.

Facebook oder Instagram Live nutzen

Eine weitere interessante Option finden Sie ebenfalls in dem Bereich, welche Sie bei Facebook oder Instagram Ihre Story erstellt haben. Auch das geht aber nur in der jeweiligen App, nicht aber am PC!

Rufen Sie Ihre App und Ihre Startseite bei Facebook oder Instagram auf und klicken Sie entweder auf „Deine Storys" oder auf das Symbol mit dem Papierflieger. Hier sehen Sie nun oben eine Leiste, in der „Live", „Normal" und „Text" stehen. Tippen Sie hier bitte auf „Live".

Nun ändert sich das Bild ein wenig und in einem Feld können Sie eine Beschreibung eingeben, über was Sie berichten möchten oder was Sie gerade vorhaben. Tippen Sie dann unten auf den roten Button, so wird eine Live-Videoübertragung von Ihnen bei Facebook gestartet, die je nach Einstellungen in Ihrer Privatsphäre öffentlich oder nur für Freunde sichtbar ist. Beenden Sie nach einigen Minuten diese Live-Aufnahme mit einem weiteren Klick auf den roten Button, so wird die Übertragung gestoppt, das Video wird aber dann in Ihrer Chronik auf der Hauptseite erscheinen und steht zur Nachbetrachtung zur Verfügung. Dieses Video können Sie dann aber auch mit dem Klick auf die drei Kreise rechts „ooo" löschen oder bearbeiten.

Sowohl Facebook als auch Instagram kommen aus einem Hause. So sind die Storys bei Instagram und Facebook nahezu identisch und können auch beide ziemlich gleich über die App erstellt werden.

Twitter

Kommen wir nun zu einem sozialen Netzwerk, bei dem Facebook und Zuckerberg mal nicht die Finger mit im Spiel hatten. Die Rede ist von Twitter, einem Netzwerk, welches im Jahre 2006 unter dem Namen „twttr" in den USA gegründet wurde. Im Frühjahr 2007 wurden dann die Twitter Inc. gegründet und ist seitdem leitendes Unternehmen dieses sozialen Netzwerkes.

Twitter ist eigentlich eine reine Medien-Plattform. Der User Zuwachs in den letzten 10 Jahren hielt sich in Grenzen, da Twitter auch lange eine maximale Textlänge von 140 Zeichen vorgab. Dementsprechend konnten immer nur sehr kurze Nachrichten oder Mitteilungen getwittert werden. Postings bei Twitter heißen übrigens „Tweets". Kein Wunder, denn man erinnert sich dabei an das Sprichwort: „Ein Vogel hat es mit gezwitschert", wenn man etwas Neues erfahren hat. Genau darauf hat sich Twitter spezialisiert. Kurze, knappe Nachrichten in Echtzeit, die um die Welt gehen.

2016 hat Twitter die Regeln ein wenig gelockert und so kann man nun immerhin 280 Zeichen in einem Tweet absetzen. Gern werden hier auch Fotos, Links zu anderen Seiten oder Zitate aus den Medien getwittert oder auch „retweetet". Was das ist, erklären wir später noch.

Im Jahre 2019 gibt Twitter an, dass weltweit 330 Millionen diesen Dienst nutzen, hauptsächlich davon Medien. Ein Viertel aller Twitter-Nutzer ist in den USA anzutreffen, in Deutschland nutzten 2018 rund 5 Millionen Menschen diesen Dienst.

Twitter kann sowohl als App, aber auch auf dem PC oder Laptop genutzt werden. Dies ist auch vor allem für Medien unabdingbar, denn diese arbeiten in den Verlagen und Studios immer noch mit PCs und Laptops.

Vorteile von Twitter

Twitter ist DAS Echtzeit-Medium! Wer gern Nachrichten aus erster Hand erfahren möchte, der ist hier bestens aufgehoben. Hier geht es hauptsächlich um News, Trends, Sport, also eigentlich die breite Palette aller Nachrichten, die man auch in den Zeitungen, Radio oder TV erfährt. So können Sie vielen Prominenten folgen, für die Sie sich interessieren. Ob Politiker oder Sportler – ganz nach Ihren Wünschen. Dazu müssen Sie der Person einfach mit einem Klick folgen und schon erfahren Sie alles aus erster Hand oder von den Personen direkt. Auch viele soziale Einrichtungen, Polizei und THW nutzen in Deutschland Twitter, auch bekannte Wetterdienste, um kurzfristig vor Unwettern zu warnen.

- Twitter ist ein wenig wie der Raucherraum in einer Firma, in der sich mittags auch die Nichtraucher versammeln, um bloß nichts zu verpassen.

Es gibt aber auch viele private Nutzer, die sich untereinander austauschen, Tweets liken oder selbst erstellen. Auch bei Twitter sind Hashtags ein absolutes MUSS, wenn man mit seinem Tweet so viele Menschen wie möglich erreichen möchte. Aber nicht nur das Hashtag findet hier Anwendung. Mit dem @ Zeichen können Sie auch bei Twitter direkt Personen markieren, genau wie bei Instagram.

Da Twitter Vorreiter in Sachen Hashtags war, so kann man davon ausgehen, dass Facebook und vor allem Instagram sich diese Methode, möglichst viele Menschen zu erreichen, auch zunutze gemacht und in ihren Dienst übernommen haben.

Nachteile von Twitter

Wie es Vorteile gibt, so hat Twitter aber auch Nachteile. Sicherlich bekommt man Nachrichten in Echtzeit, aber mit maximal 280 Zeichen (inklusive Links, Fotos und Hashtags) fallen diese Nachrichten eher spärlich aus. Es soll auch eher ein Anstoß sein, dass irgendwas Neues passiert ist und man als Erster davon erfährt.

Des Weiteren ist es schwer, auf Twitter eigene Follower zu bekommen, wenn man nicht gerade ein Megastar ist. Zudem folgt man ja auch zunehmend mehr Leuten auf Twitter, auch Nachrichtendiensten und anderen Medien, wobei man dann durchaus pro Tag einige hundert Tweets in seiner eigenen Timeline wiederfindet, die unmöglich alle zu lesen sind. Meist werden nur 1% der abgesetzten Tweets auch wirklich gelesen.

„Retweets" nennen sich Tweets, die man von anderen Nutzern auf seine eigene Seite teilt und eventuell noch mit einem Kommentar versieht. Hier bewegt man sich rechtlich aber auf dünnem Eis. In den AGBs steht eindeutig, dass jeder Nutzer für seine Tweets verantwortlich ist. Dies gilt auch für Retweets! Enthalten diese vielleicht Illegales, so könnte man unter Umständen auch mit dafür haftbar gemacht werden!

Twitter erfordert zudem ein wachsames Auge, auch hier gibt es viele Fake-Accounts mit prominenten Namen, welche jedoch nicht real sind. Ebenso gibt es Nachrichtenkanäle, die unwahre News verbreiten. Man muss hier also auf der Hut sein, den Twitter erlaubt es nur einigen Leuten und Konzernen, sich zu legitimieren. Dies wird dann an dem blauen Haken im jeweiligen Profil sichtbar.

Anmelden bei Twitter

Je nachdem, ob Sie Twitter auf Ihrem mobilen Gerät einrichten wollen, oder doch lieber den PC oder Laptop nutzen wollen, so gibt es zwei Möglichkeiten, sich bei Twitter anzumelden.

Wollen Sie Twitter auf Ihrem Smartphone nutzen, so gehen Sie zu Ihrem Store, laden sich die Twitter-App herunter und installieren diese.

Wenn Sie den PC nutzen wollen, gehen Sie auf www.twitter.com und Sie gelangen auf die Hauptseite des Unternehmens.

Bei beiden Varianten sind die Anmeldeoptionen gleich, egal ob Sie sich mit der App nun registrieren oder am PC sitzen.

Finde heraus, was gerade in der Welt los ist.

Account erstellen

Du hast bereits einen Account? Anmelden

Sie geben dann bei der Aufforderung zur neuen Registrierung Ihren geforderten Namen an (Vor- und Zuname), darunter dann eine gültige Mailadresse. Wir empfehlen auch hier wieder die Nutzung einer neuen, freien Mailadresse über GMX, Yahoo oder Web.de, damit Sie für Twitter nicht Ihre Hauptmailadresse herausgeben müssen. Nachfolgend denken Sie sich wieder ein Passwort aus, welches idealerweise aus mindestens 8 Buchstaben, Groß- und Kleinschreibung sowie Zahlen bestehen sollte.

Nach dem Klick auf „registriere Dich bei Twitter" kommen Sie auf die nächste Seite, in der Sie eine Zusammenfassung sehen. Twitter markiert, ob Ihr Name in Ordnung ist, oder vielleicht bereits vergeben ist, ob die Mailadresse gültig ist und das Passwort die Mindestsicherheitsanforderungen hat.

In der vierten Zeile kann man sich dann einen Nutzernamen aussuchen, mit dem man auf Twitter agieren möchte. Dies kann ein frei gewählter Name sein. Haben Sie diesen ausgewählt, so klicken Sie ganz unten auf „Meinen Account erstellen".

Auf der nächsten Seite finden Sie die Bestätigung, dass Sie sich erfolgreich angemeldet haben. Unten auf „Los geht´s" kommen Sie dann eine Seite weiter, wo Sie bereits zum ersten Mal auswählen können, was Sie am meisten interessiert. Haben Sie diese ausgewählt, klicken Sie auf „Weiter".

Im nächsten Fenster macht Ihnen Twitter bereits Vorschläge, wem oder was Sie folgen könnten. Sie können die einzelnen Vorschläge ansehen und mit dem Kreuz rechts löschen, wenn Sie an der Person oder den Medien kein Interesse haben. Wenn Sie das erledigt haben, klicken Sie auf den Button „Folgen und fortfahren".

Als Nächstes wird Ihnen angeboten, Freunde mittels Ihrer Mailliste zu finden, die bereits Twitter nutzen. Diesen Bereich können Sie überspringen, denn Sie können sich die Freunde später selber bei Twitter heraussuchen, denn wenn Sie hier O.K. klicken würden, hätte Twitter Zugriff auf alle Ihre Mailkontakte und deren Mailadressen. Dies können Sie vermeiden. Der Reiter „Diesen Schritt überspringen" ist ganz unten rechts klein zu finden und ziemlich versteckt! Klicken Sie dort auf den Link und umgehen Sie so, dass Sie Ihre Mailkontakte preisgeben.

Im nächsten Fenster sind Sie dann soweit fertig mit der Registrierung bei Twitter und werden nur noch aufgefordert, Ihre Mailadresse zu bestätigen.

Auf der Hauptseite befindet sich in der Mitte Ihre Timeline mit Personen, denen Sie bereits folgen. Hier kommen in Echtzeit immer wieder neue Tweets dazu, die älteren rutschen dann nach und nach weiter nach unten. Rechts oben in der Ecke sehen Sie weitere Vorschläge von Personen oder Gruppen, denen Sie folgen könnten.

Einstellungen bei Twitter

Auf Ihrer Twitterseite klicken Sie zum Einrichten Ihres Profils bitte ganz oben in der Leiste rechts auf Ihr kleines (noch nicht vorhandenes) Profilbild. Hier wählen Sie dann die Option „Einstellungen und Datenschutz" aus.

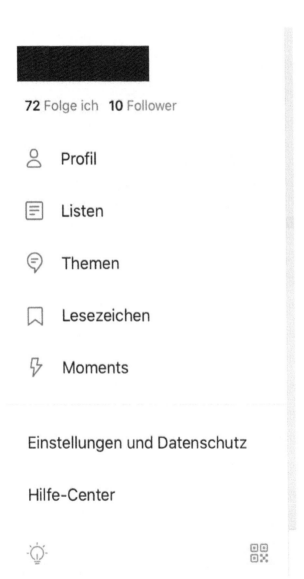

72 Folge ich   **10** Follower

☺ Profil

≡ Listen

☝ Themen

□ Lesezeichen

↯ Moments

Einstellungen und Datenschutz

Hilfe-Center

Auf der linken Seite finden Sie nun ein Menü, in dem Sie alle möglichen Einstellungen auswählen können. Als Erstes wird Ihnen aber die Seite „Datenschutz und

Sicherheit" angezeigt. Hier können Sie dann rechts auswählen und einstellen, wer Ihre Tweets sehen darf, wer Sie kontaktieren und kommentieren darf und ob Sie mit aktuellem Standort twittern möchten oder nicht.

Gehen Sie Schritt für Schritt links in der Navigationsleiste weiter und richten Sie dann Twitter ganz nach Ihren Vorlieben und Wünschen ein. Dies nimmt ein wenig Zeit in Anspruch, da die Einstellungen bei Twitter recht umfangreich sind, doch es wird sich lohnen und Sie laufen nicht Gefahr, später mit unwichtigen oder unnötigen Tweets überrannt zu werden.

Haben Sie nun alle Einstellungen vorgenommen wird es Zeit, einigen Personen, Gruppen, Freunden oder Bekannten zu folgen.

Freunde finden oder Personen folgen

In diesem Schritt erklären wir Ihnen, wie Sie am besten Freunden oder Gruppen und Medien finden, die Sie interessieren und denen Sie folgen möchten. Dazu gehen Sie ganz oben in der Leiste auf „Twitter durchsuchen". In der App wird diese Option, je nach Version oder Betriebssystem, auch in der Menüleiste zu finden sein.

Geben Sie hier einen Namen ein, der Sie interessiert. Irgendein Freund, Bekannter oder auch eine Mediengruppe. Ihnen werden dann gewöhnlich mehrere Optionen angezeigt. Wählen Sie eine Person oder Gruppe davon aus und klicken Sie auf den Namen. Sie können dann auf deren Profil entscheiden, ob Sie weitere Beiträge sehen möchten. Ist dies der Fall so klicken Sie oben auf deren Profil einfach auf „Folgen". Schon werden Sie zukünftige Beiträge dieser Person oder Gruppe immer direkt in Ihrer Timeline finden. So gehen Sie immer weiter vor mit Namen und Gruppen, bis Sie interessanten Personen, Medien und Gruppen folgen. Schon haben Sie für sich Twitter optimal eingerichtet.

Erster Tweet auf Twitter

Nun ist es soweit, Sie können Ihren ersten Tweet absetzen. Dies kann ein kurzer Text sein, untermalt mit einem Foto oder gar einem Video, ganz wie Sie mögen.

- Denken Sie aber daran, dass Twitter die Zeichen begrenzt hat auf 280! Inklusive sind darin Fotos oder Videos, aber auch Links, die Sie eventuell einfügen. Überlegen Sie genau, welche Neuigkeit oder was Sie Interessantes übermitteln wollen.

Oben in Ihrer Timeline finden Sie eine Textbox, in der steht, „Was gibt es neues?". Hier platzieren Sie nun Ihren Text. Sollte dieser zu lang werden, so markiert Twitter die Buchstaben in Rot, die zu viel sind. Sie müssen den Text dann sinnvoll kürzen. Vergessen Sie auch keine Hashtags in Ihrem Tweet, denn nur so erreichen Sie wahrscheinlich Tausende von Nutzern. Ein Tweet könnte wie folgt aussehen:

- „Habt ihr schon gehört? #Schalke hat #Huub #Stevens kurz vor dem #Saisonfinale entlassen! Ist ja #unfassbar oder wie ist eure #Meinung dazu? #Fußball #Bundesliga"

Mit diesen geschickt gesetzten Hashtags werden tausende Nutzer bei Twitter erreicht. Da aber beispielsweise Schalke nicht nur einmal am Tag bei Twitter in einem Hashtag auftaucht, sondern hunderte Mal, so wird Ihr Tweet in der Hashtagleiste auch ziemlich schnell wieder nach unten rutschen. Dennoch sollten Sie etliche Nutzer bei Twitter somit erreichen können.

Wie bei Instagram auch, so können auch bei Twitter diese @-Zeichen verwendet werden, um Personen oder Gruppen zu markieren. Dazu müssen Sie aber den Twitternamen der Person oder Gruppe kennen. Auch Ihr Twittername setzt sich aus einem @xyzabc zusammen.

Gefällt einigen Personen Ihr Tweet, so werden diese Ihnen ein Like geben. Geizen Sie auch hier nicht bei anderen mit Likes, wenn Ihnen ein Tweet von anderen gefällt. Auch so machen Sie auf sich aufmerksam und gewinnen neue Follower.

Eine weitere Möglichkeit bietet sich im Retweeten von Beiträgen anderer User. Unter jedem Tweet gibt es Links das Symbol mit der Sprechblase, wo Sie einen Kommentar dazu abgeben können. Daneben finden sie die eckigen beiden Pfeile, womit man retweeten kann. Noch weiter nach rechts kommt dann das Herz, ein Klick darauf ist ein Like von Ihnen für diesen Beitrag. Ganz rechts findet sich dann noch das Briefchen, mit dem Sie dem Verfasser des Tweets eine persönliche Nachricht schicken können.

Wir wollen aber mal einen Blick auf das Retweeten werfen, da die anderen mehr oder weniger Selbsterklärend sind.

Klicken Sie auf „Retweeten", so wird der Tweet dieser Person geöffnet und Sie können Ihren Kommentar dazu abgeben. Mit dem Klick auf Retweeten veröffentlichen Sie diesen Beitrag dann, inklusiv Ihrem Kommentar, auf Ihrer Twitter-Hauptseite.

- Seien Sie aber auf der Hut! Rechtlich werden Sie dafür verantwortlich gemacht, was auf Ihrer Seite gepostet wird, auch wenn Sie nicht der Verfasser des Tweets sind! Achten Sie genau darauf, dass in dem ursprünglichen Tweet keine illegalen Inhalte versteckt sind!

Üben Sie ein wenig und beschäftigen Sie sich weiter mit Twitter. Sie werden den Nutzen der raschen Echtzeit-Nachrichten bald zu schätzen wissen. Es gibt auch noch zahlreiche Tools für Twitter, wobei man noch tiefgründigere Einstellungen vornehmen kann. Hierzu zählt beispielsweise das „Tweetdeck", in dem man mehrere interessante Timelines nebeneinander aufreihen kann und somit alles auf einen Blick hat. Suchen Sie nach Bedarf einfach mal in den Suchmaschinen danach.

Beiträge, die Sie nicht twittern sollten

Wie in allen sozialen Netzwerken gilt auch bei Twitter:

- Geben Sie nicht alles von sich Preis! Verzichten Sie auch hier auf persönliche Fotos, denn je nach Einstellungen könnten 330 Millionen Menschen Ihr Foto sehen!

- Langweilige Tweets werden Ihnen nur mühsam Follower bringen. Twittern Sie hingegen das, was die Leute momentan brennend interessiert, wie z.B. das morgige Spitzenspiel in der Bundesliga, oder das angekündigte Sommerwochenende mit über 30 Grad. So werden Sie mehr Follower gewinnen.

Pinterest

Eine weitere Plattform, die wir hier vorstellen möchten, ist Pinterest. Es setzt sich aus den Wörtern „Pin" und „Interest", also etwas „anpinnen" und „Interesse" zusammen. Pinterest ist keine Selbstdarstellungsplattform, wie etwa Facebook, sondern eher ein Sammelsurium aus Bildern, die man selbst gemacht hat, oder im Internet gefunden hat. Diese werden in einer Art Album oder einer Art Pinnwand gesammelt. Hinter fast jedem Bild verbirgt sich ein Link, der auf die Seite führt, wo man das Bild im Netz gefunden hat. Pinterest wird oft als Bildersuchmaschine genannt, was auch Nahe liegt, da es hier hauptsächlich um Bilder geht. Doch das ist falsch, es steckt nämlich viel mehr dahinter.

Schaut man sich die gesammelten Werke der Nutzer auf Pinterest mal genauer an, so wird man feststellen, dass es sich eher um Infografiken und Bilder handelt, die irgendeine Art von Anleitung illustrieren. Pinterest ist daher keine reine Fotoplattform, sondern hier tummeln sich eher Fotos mit Rezepten, Wohnideen, Do-it-Yourself-Werken. Klickt man an einer Pinnwand auf ein solches Bild, so wird man auf die Seite geleitet, auf der diese Werke ursprünglich zu finden sind.

Interessant ist Pinterest also eher für Menschen, die gern neues lernen. Es ist eine Fundgrube für Hobby, Beruf, Kinderspiel, Ideen, u.s.w. Stöbern auf Pinterest kann viel Spaß machen, da man dort viele neue Ideen entdeckt. Man muss sich aber einen Account anlegen, um Pinterest nutzen zu können. Einfach mal zum Reinschauen und Stöbern lohnt es sich allemal.

Pinterest wurde im März 2010 gegründet und hatte Mitte 2018 weltweit etwa 250 Millionen Nutzer. In Deutschland ist die Zahl der Nutzer noch überschaubar, liegt aber noch vor den Twitter-Nutzern und jeden Monat „repinnen" zwischen 8,5 und 11 Millionen Deutsche Fotos auf dieser Plattform.

Vorteile von Pinterest

Es gibt vor allem für Unternehmen gute Gründe, einen Pinterest-Account anzulegen. Aber auch Privatpersonen profitieren von der unglaublichen Flut an kreativen und neuen Ideen. Legen Sie sich hier einen privaten Account zu, so werden Sie, sofern Sie regelmäßig neue Bilder an Ihre Pinnwand heften, mehr Reichweite erhalten, als auf Facebook.

Bei Pinterest altern die Bilder und Beiträge nicht. Das ist dann hier wie guter Wein, denn auch nach Jahren können Ihre angepinnten Bilder noch einen hohen Wirkungsgrad haben. Bei Facebook ist das anders: Hier verschwinden Ihre Beiträge und Fotos mit den Jahren in der Versenkung.

Nutzt man zudem Keywords, also Schlüsselwörter, so wird man auch mit seinen Beiträgen besser bei Google gefunden, da Pinterest damit eng verknüpft ist. Beschreibt man dabei ein Rezept, wie man einen Nudelauflauf am besten macht, so sollte „Nudelauflauf" auch das Haupt-Keyword in Ihrem Pin sein.

Zudem sind Pinterest-Kunden sehr kauffreudig. Kein Wunder, liegt doch hinter jedem interessanten Bild eine Webseite, über die man auf die Idee oder das Produkt geleitet wird. Daher ist Pinterest vor allem für Unternehmen auch sehr interessant.

Nachteile von Pinterest

Pinterest ist recht einfach zu bedienen, aber der Nutzen für Privatpersonen hält sich doch eher in Grenzen. Sicherlich kann man hier viele neue Ideen finden, sich einen Schrank selber bauen, neue Kinderspiele entdecken, neue Rezepte finden. Aber mal ehrlich: Kann man das bei Google nicht auch?

Man muss also abwägen, ob man Pinterest privat nutzen möchte. Sicherlich ist es mal interessant, sich einfach dort durch die zahlreichen Pinnwände zu wühlen und dann einfach entscheiden, ob man mitmacht, oder eher passiv ab und zu reinschaut.

Fotos mit Freunden teilen und einfach Beiträge verfassen, was man grade macht, gibt es hier nicht. Da ist man besser bei Facebook oder noch besser bei Instagram aufgehoben. Dennoch stellen wir hier die komplette Anmeldung und Vorgehensweise bei Pinterest vor.

Anmelden bei Pinterest

Bei Pinterest kann man sich sowohl über ein mobiles Telefon mittels App anmelden oder auch am PC oder

Laptop. Wir empfehlen zunächst die Anmeldung an einem PC, es geht aber auch genauso über die App.

Laden Sie sich die App bei Ihrem Anbieter herunter und installieren Sie diese. Anschließend starten Sie die App.

Am PC öffnen Sie Ihren Browser und besuchen die Seite www.pinterest.com.

Hier haben Sie nun, wie in der App auch, zwei Möglichkeiten, sich anzumelden. Entweder, was ganz schnell geht, über Ihr Facebook-Profil. Hierbei werden Name, sämtliche Daten und auch Ihr Profilbild direkt übernommen. Dies ist der einfachste Schritt, sich anzumelden.

Oder aber Sie registrieren sich komplett neu. Dazu tragen Sie eine gültige Mailadresse ein und suchen sich ein Passwort aus. Auch hier wieder der Hinweis: Nutzen Sie eine zweite Mailadresse und nicht Ihre Haupt-Mailadresse zur Anmeldung. Sorgen Sie auch dafür, dass das Passwort aus Zahlen, kleinen und großen Buchstaben zusammengestellt ist, damit es ausreichend sicher ist.

Auf der folgenden Seite werden Sie aufgefordert, Ihren richtigen Namen, Ihr Alter und Ihr Geschlecht anzugeben. Haben Sie dies eingegeben, so heißt Sie im nächsten Schritt Pinterest Herzlich willkommen.

Nun werden Ihnen einige Gruppen vorgeschlagen, aus denen Sie sich 5 Bereiche aussuchen sollen, die Sie interessieren. Haben Sie das getan, bietet Ihnen Pinterest an, in Ihrem Browser zukünftig den „Pinterest-Button" zu nutzen. Mit diesem können Sie auf Webseiten mit nur einem Klick Fotos markieren und direkt auf Ihre Pinterest-Pinnwand posten. Natürlich werden dann auch Infotexte der Webseite mit übernommen, was auch Sinn und Zweck von Pinterest ist, doch auch Sie können noch einen Kommentar zu dem Foto oder der Webseite abgeben.

Schauen Sie zwischenzeitlich auch mal in Ihr Mailpostfach, denn Sie müssen die Anmeldung über die Mail noch aktivieren, die Pinterest Ihnen geschickt hat.

Nach diesem Schritt können Sie loslegen und erste Fotos an Ihre eigene Pinnwand, oder an eine bereits bestehende, anpinnen.

Einstellungen bei Pinterest

Es gibt eine Reihe von Einstellungen bei Pinterest. Sollten Sie sich nicht mit Ihrem Facebook-Profil angemeldet haben, so müssen Sie einige Schritte durchgehen.

Zuerst klicken Sie oben auf „ooo" um das Menü zu öffnen. Gehen Sie dann auf „Einstellungen bearbeiten". Dann klicken Sie neben dem Profilbild auf „ändern", wählen ein Profilbild von Ihrem PC oder Smartphone aus und laden dieses hoch. Anschließend einfach auf „fertig" klicken.

Ebenfalls über das Menü und den Punkt „Einstellungen" können Sie auch den Bereich „Benachrichtigungen" einstellen. Hier können Sie auswählen, ob Sie per Push-Benachrichtigung oder per Mail eine Nachricht erhalten wollen.

Weitere Einstellungen finden Sie ebenfalls im Menü, die Sie nach und nach ganz Ihren Wünschen anpassen können. Nun wird es aber Zeit, Ihre ersten Bilder auf Ihre Pinnwand zu heften.

✏️   **Profil bearbeiten**   ›

👤   **Kontoeinstellungen**   ›

🔔   **Benachrichtigungen**   ›

🔒   **Datenschutz und Daten**   ›

❓   **Hilfe anfordern**   ↗

☰   **AGB und Datenschutz ansehen**   ↗

§   **Impressum/NetzDG**   ↗

Bilder anpinnen bei Pinterest

Hier gibt es mehrere Möglichkeiten, Bilder an Ihre oder auch an bereits bestehende Pinnwände anzuheften. Sehen Sie Pinterest als Fotoalbum mit Links, dann wird es Ihnen leichter fallen, alles zu verstehen.

Zuerst schauen Sie sich auf anderen Pinnwänden um. Sie werden dort bereits viele Fotos finden. Klicken Sie auf ein Bild, so können Sie dieses „Repinnen", das heißt, mit einem Klick auch auf Ihrer Pinnwand anheften.

Pinterest selbst empfiehlt, pro Tag 5 Fotos auf Ihre Pinnwand zu bringen. Dies wird nicht immer möglich sein und es ist auch oft nur für Unternehmen eine grobe Richtlinie. Als Privatperson müssen Sie nicht täglich ein Foto anpinnen.

Stöbern Sie einfach mal auf irgendwelchen Internetseiten, vielleicht auf die Ihres Lieblings- Sportvereines. Sehen Sie dort ein interessantes Foto, so können Sie dieses mittels Ihrem „Pinterest-Buttons" mit nur einem Klick das Foto auf Ihre Pinterest Pinnwand heften. Je nach Browser, ob Sie Firefox, Chrome oder Internetexplorer nutzen, müssen Sie gegebenenfalls den „Pin-it-Button" per Addon/Erweiterung in Ihrem Browser runterladen.

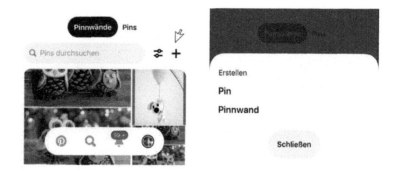

Mit der Zeit wird Ihre Pinnwand bei Pinterest immer umfangreicher und größer. Unter der Suche oben in der Leist können Sie zudem nach Freunden oder Bekannten suchen, die vielleicht bereits Pinterest fleißig nutzen.

Gewinnspiele bei den Sozialen Medien

Viele Firmen, Unternehmen und Institutionen nutzen auch die Sozialen Medien für die Steigerungen ihrer Umsätze, Vermarktung ihrer Produkte und Dienstleistungen.

Waren es früher die Litfaßsäule und Printmedien wie Flyer, Prospekte und Flugblätter so hat sich die Darstellung neuer Produkte sehr gewandelt.

Die zu vermarktenden Produkte und Dienstleistungen werden heute auf den firmeneigenen Webseiten dargestellt und um die Reichweite zu steigern und zu erweitern setzen die Selbständigen immer mehr auf die Sozialen Medien.

Nichts erreicht die Verbraucher schneller als die „Tweets" und Informationen auf diesen Plattformen.

Da die User sehr gerne spielen und an Gewinnspielen interessiert sind, werden hier sehr viele unterschiedliche Preise ausgelobt. Je nach Gestaltung des Spieles gibt es Fragen zu beantworten, Email zu schreiben, Kreativ zu werden usw.

Auf was ist zu achten?

- Gibt es ein rechtsgültiges Impressum?
- Wo stehen die Teilnahmebedingungen?
- Wer ist der gesetzliche Verantwortliche?
- Was wird ausgelost?

- Wie wird der Gewinn/Preis übermittelt?

- Wie wird ausgelost?

- Was muss der Teilnehmer dafür tun?

- Auf Fake-Accounts achten. Hier werden gerne Daten gesammelt.

Zusammenfassung Facebook, Instagram, Twitter und Pinterest

Wir haben Ihnen nun einen kleinen Einblick in die vier wichtigsten sozialen Netzwerke gegeben. Facebook und Twitter werden den meisten Lesern schon seit längerem ein Begriff sein. Doch vor allem Instagram ist deutlich auf der Überholspur und Experten sehen diese als Plattform der Zukunft, die in wenigen Jahren Facebook komplett in den Schatten stellt.

Dennoch haben auch die anderen Netzwerke ihre Reize. Sind Sie heiß auf Neuigkeiten aus erster Hand, so werden Sie um Twitter nicht herumkommen. Lieben Sie aber hingegen Ideen, neue Kreationen und Wohnideen, so müssen Sie sich wohl einen Pinterest-Account zulegen.

Wollen Sie lieber wissen, was Freunde und Bekannte so den ganzen Tag machen, so sollten Sie sich für Facebook oder Instagram entscheiden, vielleicht auch zu einer Kombination aus beiden Netzwerken. Wir können hier keine Empfehlungen geben, was besser oder schlechter ist, aber angesichts der Tatsache, dass soziale Medien immer weiter auf dem Vormarsch sind, sollten Sie nun auf den Zug mit aufspringen, um nicht alles zu verpassen.

Gerade in der heutigen Zeit ist alles sehr schnelllebig. Irgendwann halten Sie da einfach nicht mehr mit, wenn Sie kein soziales Netzwerk nutzen. Wir geben Ihnen dazu aber hier noch die wichtigsten Punkte mit auf den Weg, die Sie beachten sollten, wenn Sie sich für ein soziales Netzwerk interessieren und sich dort anmelden und mitmischen wollen:

- Achten Sie beim Erstellen des Accounts darauf, dass Sie zunächst nicht so viele persönliche Daten von sich freigeben.

- Testen Sie eventuell ein Netzwerk erst mit einem Pseudo-Name, den Sie dann später ändern können.

- Seien Sie vorsichtig bei Freundschaftsanfragen oder persönlichen Nachrichten von Usern, die Sie nicht kennen. Facebook, Twitter und Co wird Sie NIEMALS nach Ihrem Passwort auf diesem Wege fragen!

- Posten Sie keine zu persönlichen Informationen über sich selbst und schon gar nicht öffentlich! Es gibt in jedem Netzwerk Betrüger, die Details ausspionieren.

- Schauen Sie daher genau in die Einstellungen des jeweiligen Netzwerkes, wer, was, wo von Ihnen sehen kann.

- Niemals öffentlich posten, dass Sie einen Tag am Meer verbringen, oder einen Tag weg sind und Verwandte besuchen. Posten Sie diese Eindrücke lieber dann, wenn Sie bereits wieder zu Hause sind.

- Denken Sie daran, dass die digitale Internetwelt KEINES Ihrer Fotos vergisst! Auch wenn Sie die

Profile löschen, bleiben Ihre Fotos für immer in der Internetwelt. Ob sichtbar oder nicht.

Beherzigen Sie alle diese Punkte und stellen Sie jeweils die Privatsphäre Ihres Accounts richtig ein, so werden Sie viel Spaß mit der sozialen Plattform Ihrer Wahl haben.

Testen Sie, probieren Sie aus und bilden Sie sich selbst ein Urteil, was Ihnen zusagt. Wir wünschen Ihnen viel Spaß und Freude in der neuen, digitalen Welt.